ANNA CLYNE

WITHIN HER ARMS

for String Ensemble

FULL SCORE

BOOSEY & HAWKES

Commissioned by the Los Angeles Philharmonic New Music Group
Esa-Pekka Salonen, Music Director

for string ensemble [3.3.3.3.3]

Cb.3
Cb.1 Cb.2
Va.3 Vc.3
Vn.5 Vn.6
Va.2 Vc.2
Vn.3 Vn.4
Va.1 Vc.1
Vn.1 Vn.2
stage
audience

Duration: 14 minutes

NOTES TO PERFORMERS

General:

All musicians should stand during performance, except celli

Musicians should play with a warm tone, and use vibrato freely throughout, unless marked otherwise.

C-string extension for all basses

Specific:

x	=	vocal inhalation (IN) or exhalation (EX), to be performed as a wispy breath through the mouth at the back of the throat
o	=	decrescendo to, or crescendo from nothing, *niente*
	=	accelerating harmonic glissando up designated string
- - - - - - - -▶	=	gradually move toward or away from designated effect
solid diamond note-head	=	highest harmonic possible on designated string

for my mother

WITHIN HER ARMS

ANNA CLYNE
(2008-09)

First printed in 2021

A
Vn. 1
Vn. 2
Vn. 3
Vn. 4
Vn. 5
Vn. 6
Va. 1
Va. 2
Va. 3
Vc. 1
Vc. 2
Vc. 3
Cb. 1
Cb. 2
Cb. 3
ppp
pp
sul tasto
non vib.
sul tasto
l.v.

10
11
12
13
Vn. 1
Vn. 2
Vn. 3
Vn. 4
Vn. 5
Vn. 6
Va. 1
Va. 2
Va. 3
Vc. 1
Vc. 2
Vc. 3
Cb. 1
Cb. 2
Cb. 3
ppp
sul tasto
l.v.
non vib.
IV
III
II
I

14
B
16
17
Vn. 1
Vn. 2
Vn. 3
Vn. 4
Vn. 5
Vn. 6
Va. 1
Va. 2
Va. 3
Vc. 1
Vc. 2
Vc. 3
Cb. 1
Cb. 2
Cb. 3
ppp
p
senza sord.
ord.
vib.
3
IN
EX
III
IV
sul tasto
I
II
l.v.

18
19
20
21
Vn. 1
pp
p
Vn. 2
ppp
Vn. 3
ppp
Vn. 4
p
pp
Vn. 5
ppp
Vn. 6
ppp
Va. 1
Va. 2
l.v.
IV
ppp
Va. 3
III
ppp
Vc. 1
I
l.v.
ppp
Vc. 2
II
l.v.
ppp
Vc. 3
l.v.
ppp
Cb. 1
IV
ppp
Cb. 2
sul tasto
I
ppp
Cb. 3

22
23
24
25
Vn. 1
Vn. 2
Vn. 3
Vn. 4
Vn. 5
Vn. 6
Va. 1
Va. 2
Va. 3
Vc. 1
Vc. 2
Vc. 3
Cb. 1
Cb. 2
Cb. 3
senza sord.
ord.
vib.
ppp
p
senza sord.
ord.
vib.
non vib.
l.v.
vib.
senza sord.
senza sord.
vib.
pp
l.v.

C
26
27
29
Vn. 1
Vn. 2
Vn. 3
Vn. 4
Vn. 5
Vn. 6
Va. 1
Va. 2
Va. 3
Vc. 1
Vc. 2
Vc. 3
Cb. 1
Cb. 2
Cb. 3
vib.
non vib.
ord. - - - - - - - - - - sul pont.
sul tasto
l.v.
ord.
ord. - - - - - - sul pont. - - - - - ord.
senza sord.

30
31
32
33
34
Vn. 1
Vn. 2
Vn. 3
senza sord.
ord.
Vn. 4
Vn. 5
IV
l.v.
Vn. 6
vib.
senza sord.
ord.
Va. 1
III
l.v.
Va. 2
Va. 3
III
Vc. 1
Vc. 2
Vc. 3
Cb. 1
Cb. 2
Cb. 3

D
36
37
38
39
Vn. 1
Vn. 2
Vn. 3
Vn. 4
Vn. 5
Vn. 6
Va. 1
Va. 2
Va. 3
Vc. 1
Vc. 2
Vc. 3
Cb. 1
Cb. 2
Cb. 3
sul pont.
IV
III
ord.
senza sord.
ord.
senza sord.
senza sord.

40
41
42
Vn. 1
Vn. 2
Vn. 3
Vn. 4
Vn. 5
Vn. 6
Va. 1
Va. 2
Va. 3
Vc. 1
Vc. 2
Vc. 3
Cb. 1
Cb. 2
Cb. 3
l.v.
con sord.
sul tasto
non vib.
IV
III
(con sord. sul tasto)
p
mp
ppp

E
43
44
46
47
48
Vn. 1
Vn. 2
Vn. 3
Vn. 4
Vn. 5
Vn. 6
Va. 1
Va. 2
Va. 3
Vc. 1
Vc. 2
Vc. 3
Cb. 1
Cb. 2
Cb. 3
vib.
non vib.
II
p
mp
ppp

49
50
51
Vn. 1
Vn. 2
Vn. 3
Vn. 4
Vn. 5
Vn. 6
Va. 1
Va. 2
Va. 3
Vc. 1
Vc. 2
Vc. 3
Cb. 1
Cb. 2
Cb. 3
mp
ppp
p
pp
(p)
l.v.
non vib.
non arm.
III
IV

52
53
54
55
Vn. 1
Vn. 2
Vn. 3
Vn. 4
Vn. 5
Vn. 6
Va. 1
Va. 2
Va. 3
Vc. 1
Vc. 2
Vc. 3
Cb. 1
Cb. 2
Cb. 3
vib.
l.v.
IV
II
p
mp
pp
ppp

F
57
58
59
Vn. 1
Vn. 2
Vn. 3
Vn. 4
Vn. 5
Vn. 6
Va. 1
vib.
Va. 2
Va. 3
Vc. 1
Vc. 2
Vc. 3
Cb. 1
Cb. 2
Cb. 3

60
61
62
63
Vn. 1
Vn. 2
Vn. 3
Vn. 4
Vn. 5
Vn. 6
Va. 1
Va. 2
Va. 3
Vc. 1
Vc. 2
Vc. 3
Cb. 1
Cb. 2
Cb. 3
senza sord.
ord.
non vib.
vib.
mp
mf
p
ppp
pp

G
65
66
67
68
Vn. 1
Vn. 2
Vn. 3
Vn. 4
Vn. 5
Vn. 6
Va. 1
Va. 2
Va. 3
Vc. 1
Vc. 2
Vc. 3
Cb. 1
Cb. 2
Cb. 3
sul tasto
ord.
vib.
IV
I
II
l.v.
ppp
pp
p
mp

69
70
71
72
Vn. 1
Vn. 2
Vn. 3
Vn. 4
Vn. 5
Vn. 6
senza sord.
vib.
Va. 1
Va. 2
Va. 3
non vib.
l.v.
Vc. 1
Vc. 2
Vc. 3
sul tasto
non arm.
Cb. 1
Cb. 2
Cb. 3

73
74
75
76
77
Vn. 1
Vn. 2
Vn. 3
Vn. 4
Vn. 5
Vn. 6
Va. 1
senza sord.
Va. 2
senza sord.
ord.
vib.
Va. 3
senza sord.
ord.
Vc. 1
Vc. 2
Vc. 3
l.v.
poco sul pont.
Cb. 1
Cb. 2
poco sul pont.
Cb. 3

H
79
80
81
82
83
Vn. 1
Vn. 2
Vn. 3
Vn. 4
Vn. 5
Vn. 6
Va. 1
Va. 2
Va. 3
Vc. 1
Vc. 2
Vc. 3
Cb. 1
Cb. 2
Cb. 3
pp
mp
ppp
p
sul pont.
ord.
III
l.v.

84
85
86
I
88
Vn. 1
Vn. 2
Vn. 3
Vn. 4
Vn. 5
Vn. 6
Va. 1
Va. 2
Va. 3
Vc. 1
Vc. 2
Vc. 3
Cb. 1
Cb. 2
Cb. 3
mf
sul pont.
IN
pp
ord.
(ord.)
poco sul pont.
ppp
(vib.)
non vib.
p
mp
f
l.v.

89
90
91
92
Vn. 1
Vn. 2
Vn. 3
Vn. 4
Vn. 5
Vn. 6
Va. 1
Va. 2
Va. 3
Vc. 1
Vc. 2
Vc. 3
Cb. 1
Cb. 2
Cb. 3
poco sul pont.
ord.
(ord.)
sul pont.
ppp
pp
mp

93
94
95
96
Vn. 1
Vn. 2
Vn. 3
Vn. 4
Vn. 5
Vn. 6
Va. 1
Va. 2
Va. 3
Vc. 1
Vc. 2
Vc. 3
Cb. 1
Cb. 2
Cb. 3
ord.
(ord.)
poco sul pont.
(poco sul pont.)
sul tasto
non vib.
ord.
vib.
non arm.
poco sul pont.
vib.
sul pont.
ord.
mp
p
pp
ppp

97
98
99
J
101
Vn. 1
Vn. 2
Vn. 3
Vn. 4
Vn. 5
Vn. 6
Va. 1
Va. 2
Va. 3
Vc. 1
Vc. 2
Vc. 3
Cb. 1
Cb. 2
Cb. 3
l.v.
ord.
pp
ppp
mf
mp
p

102
103
104
105
Vn. 1
pp
Vn. 2
Vn. 3
Vn. 4
Vn. 5
Vn. 6
Va. 1
pp
Va. 2
Va. 3
Vc. 1
con sord.
sul tasto
non vib.
ppp
Vc. 2
con sord.
sul tasto
non vib.
ppp
Vc. 3
con sord.
sul tasto
non vib.
ppp
Cb. 1
Cb. 2
Cb. 3
sul pont.
ord.
ppp
sul pont.
ppp

106
107
108
K
Vn. 1
Vn. 2
ord.
pp
p
Vn. 3
pp
Vn. 4
Vn. 5
Vn. 6
Va. 1
Va. 2
ord.
vib.
pp
p
Va. 3
ord.
vib.
pp
Vc. 1
ppp
ppp
Vc. 2
ppp
ppp
Vc. 3
ppp
ppp
Cb. 1
Cb. 2
Cb. 3
ord.
sul pont.
ord.
ppp

110
111
112
113
Vn. 1
Vn. 2
Vn. 3
Vn. 4
Vn. 5
Vn. 6
Va. 1
Va. 2
Va. 3
Vc. 1
Vc. 2
Vc. 3
Cb. 1
Cb. 2
Cb. 3
p
pp
ppp
sul pont.
ord.

114
115
116
117
Vn. 1
Vn. 2
Vn. 3
Vn. 4
Vn. 5
Vn. 6
ord.
sul pont.
Va. 1
Va. 2
Va. 3
Vc. 1
l.v.
Vc. 2
Vc. 3
Cb. 1
Cb. 2
Cb. 3
ord.

L
119
Vn. 1
Vn. 2
Vn. 3
Vn. 4
Vn. 5
Vn. 6
Va. 1
Va. 2
Va. 3
Vc. 1
Vc. 2
Vc. 3
Cb. 1
Cb. 2
Cb. 3
senza sord.
ord.
vib.
senza sord.
ord.
vib.
ord.
senza sord.
vib.
poco sul pont.

120
121
Vn. 1
Vn. 2
Vn. 3
Vn. 4
Vn. 5
Vn. 6
Va. 1
Va. 2
Va. 3
Vc. 1
Vc. 2
Vc. 3
Cb. 1
Cb. 2
Cb. 3
poco sul pont.
ord.
l.v.

122
M
124
125
Vn. 1
Vn. 2
Vn. 3
Vn. 4
poco sul pont.
ord.
Vn. 5
Vn. 6
Va. 1
Va. 2
Va. 3
Vc. 1
sul tasto
non vib.
Vc. 2
Vc. 3
con sord.
sul tasto
non vib.
Cb. 1
Cb. 2
Cb. 3
l.v.

126
127
128
Vn. 1
Vn. 2
Vn. 3
Vn. 4
Vn. 5
Vn. 6
Va. 1
Va. 2
Va. 3
Vc. 1
Vc. 2
Vc. 3
Cb. 1
Cb. 2
Cb. 3
con sord.
sul tasto
non vib.
III
vib.
poco sul pont.
IV
ord.
espressivo
II

129
130
131
132
Vn. 1
Vn. 2
Vn. 3
Vn. 4
Vn. 5
Vn. 6
Va. 1
Va. 2
Va. 3
Vc. 1
Vc. 2
Vc. 3
Cb. 1
Cb. 2
Cb. 3
sul tasto
l.v.
vib.
vib.
senza sord.
ord.
vib.
poco sul pont.
pp p
ppp p
ppp

N
134
135
136
Vn. 1
Vn. 2
Vn. 3
Vn. 4
Vn. 5
Vn. 6
Va. 1
Va. 2
Va. 3
Vc. 1
Vc. 2
Vc. 3
Cb. 1
Cb. 2
Cb. 3
ord.
senza sord.
ord.
ord.
non vib.
poco sul pont.
non vib.
con sord.
sul tasto
con sord.
sul tasto
poco sul pont.
con sord.
poco sul pont.
sul pont.
non vib.
ord.

137
138
139
140
Vn. 1
Vn. 2
Vn. 3
Vn. 4
Vn. 5
Vn. 6
Va. 1
Va. 2
Va. 3
Vc. 1
Vc. 2
Vc. 3
Cb. 1
Cb. 2
Cb. 3
sul tasto
sul pont.
sul tasto
vib.
poco sul pont.
sul tasto
non vib.
l.v.
vib.
ord.
sul pont.
ord.
poco sul pont.
ord.
poco sul pont.
sul tasto non vib.
vib.
ord.
non arm.
ord.
sul pont.
poco sul pont.
ord.

141
142
O
144
lunga
Vn. 1
Vn. 2
Vn. 3
Vn. 4
Vn. 5
Vn. 6
Va. 1
Va. 2
Va. 3
Vc. 1
Vc. 2
Vc. 3
Cb. 1
Cb. 2
Cb. 3
IN
EX
sul pont.
ord.
sul tasto
l.v.
non arm.
senza sord.
(ord.)
IV
ppp
pp
p
mp

145
146
147
Vn. 1
Vn. 2
Vn. 3
Vn. 4
Vn. 5
Vn. 6
Va. 1
Va. 2
Va. 3
Vc. 1
Vc. 2
Vc. 3
Cb. 1
Cb. 2
Cb. 3
non arm.
l.v.
sul tasto

148
149
150
Vn. 1
Vn. 2
Vn. 3
Vn. 4
Vn. 5
Vn. 6
Va. 1
Va. 2
Va. 3
Vc. 1
Vc. 2
Vc. 3
Cb. 1
Cb. 2
Cb. 3
ppp
p
mp
poco sul pont.
ord.
l.v.
III
non arm.
sul tasto
ord.

P
152
153
Vn. 1
Vn. 2
Vn. 3
Vn. 4
Vn. 5
Vn. 6
Va. 1
Va. 2
Va. 3
Vc. 1
Vc. 2
Vc. 3
Cb. 1
Cb. 2
Cb. 3
ppp
p
mp
pp
IV
III
II
l.v.
sul pont.
ord.
non arm.

154
155
156
Vn. 1
Vn. 2
Vn. 3
Vn. 4
Vn. 5
Vn. 6
Va. 1
Va. 2
Va. 3
Vc. 1
Vc. 2
Vc. 3
Cb. 1
Cb. 2
Cb. 3

Q
157
159
Vn. 1
Vn. 2
Vn. 3
Vn. 4
Vn. 5
Vn. 6
Va. 1
Va. 2
Va. 3
Vc. 1
Vc. 2
Vc. 3
Cb. 1
Cb. 2
Cb. 3

160
161
162
163
Vn. 1
Vn. 2
Vn. 3
Vn. 4
Vn. 5
Vn. 6
Va. 1
Va. 2
Va. 3
Vc. 1
Vc. 2
Vc. 3
Cb. 1
Cb. 2
Cb. 3
sul tasto
II

164
165
166
Vn. 1
Vn. 2
Vn. 3
Vn. 4
Vn. 5
Vn. 6
Va. 1
Va. 2
Va. 3
Vc. 1
Vc. 2
Vc. 3
Cb. 1
Cb. 2
Cb. 3
sul tasto
non arm.
l.v.
dolce
8va
IV
III
I

168
Vn. 1
Vn. 2
Vn. 3
Vn. 4
Vn. 5
Vn. 6
Va. 1
Va. 2
Va. 3
Vc. 1
Vc. 2
Vc. 3
Cb. 1
Cb. 2
Cb. 3
l.v.
sul tasto

169
170
Vn. 1
Vn. 2
Vn. 3
Vn. 4
Vn. 5
Vn. 6
Va. 1
Va. 2
Va. 3
Vc. 1
Vc. 2
Vc. 3
Cb. 1
Cb. 2
Cb. 3
ord.
l.v.
poco sul pont.

S
172
Vn. 1
Vn. 2
Vn. 3
Vn. 4
Vn. 5
Vn. 6
Va. 1
Va. 2
Va. 3
Vc. 1
Vc. 2
Vc. 3
Cb. 1
Cb. 2
Cb. 3
ord.
mp
mf
f
p

173
174
Vn. 1
Vn. 2
Vn. 3
Vn. 4
Vn. 5
Vn. 6
Va. 1
Va. 2
Va. 3
Vc. 1
Vc. 2
Vc. 3
Cb. 1
Cb. 2
Cb. 3

175
176
Vn. 1
Vn. 2
Vn. 3
Vn. 4
Vn. 5
Vn. 6
Va. 1
Va. 2
Va. 3
Vc. 1
Vc. 2
Vc. 3
Cb. 1
Cb. 2
Cb. 3
sul pont.
ord.

T
178
179
180
Vn. 1
Vn. 2
Vn. 3
Vn. 4
Vn. 5
Vn. 6
Va. 1
Va. 2
Va. 3
Vc. 1
Vc. 2
Vc. 3
Cb. 1
Cb. 2
Cb. 3
con sord.
l.v.
ord.

181
182
183
U
Vn. 1
Vn. 2
Vn. 3
Vn. 4
Vn. 5
Vn. 6
Va. 1
Va. 2
Va. 3
Vc. 1
Vc. 2
Vc. 3
Cb. 1
Cb. 2
Cb. 3
(ord.)
con sord.
l.v.
ppp
pp

185
186
187
188
sul tasto
sul tasto
con sord.
con sord.
l.v.
non vib.
ppp
pp
Vn. 1
Vn. 2
Vn. 3
Vn. 4
Vn. 5
Vn. 6
Va. 1
Va. 2
Va. 3
Vc. 1
Vc. 2
Vc. 3
Cb. 1
Cb. 2
Cb. 3

189
190
191
Vn. 1
Vn. 2
Vn. 3
Vn. 4
Vn. 5
Vn. 6
Va. 1
Va. 2
Va. 3
Vc. 1
Vc. 2
Vc. 3
Cb. 1
Cb. 2
Cb. 3
l.v.
non vib.

V
193
194
195
196
197
Vn. 1
Vn. 2
Vn. 3
Vn. 4
Vn. 5
Vn. 6
Va. 1
Va. 2
Va. 3
Vc. 1
Vc. 2
Vc. 3
Cb. 1
Cb. 2
Cb. 3
8va
con sord.
l.v.
pppp
sul tasto
pp
ppp
non vib.
7"